SERMONES DE GRA

Gedeón
el visionario

Dr. Kittim Silva

Editorial
PORTAVOZ

La misión de *Editorial Portavoz* consiste en proporcionar productos de calidad —con integridad y excelencia—, desde una perspectiva bíblica y confiable, que animen a las personas a conocer y servir a Jesucristo.

De la serie: *Sermones de grandes personajes bíblicos.*

Tomo 3: Gedeón el visionario, © 1999 por Kittim Silva y publicado por Editorial Portavoz, filial de Kregel, Inc., Grand Rapids, Michigan 49505. Todos los derechos reservados.

Ninguna parte de esta publicación podrá reproducirse de cualquier forma sin permiso escrito previo de los editores, con la excepción de citas breves en revistas o reseñas.

A menos que se indique lo contrario, todas las citas bíblicas han sido tomadas de la versión Reina-Valera © 1960 Sociedades Bíblicas en América Latina; © renovado 1988 Sociedades Bíblicas Unidas. Utilizado con permiso. Reina-Valera 1960™ es una marca registrada de American Bible Society, y puede ser usada solamente bajo licencia.

EDITORIAL PORTAVOZ
2450 Oak Industrial Dr. NE
Grand Rapids, Michigan 49505 USA

Visítenos en: www.portavoz.com

ISBN 978-0-8254-1685-9

5 6 7 8 9 edición / año 24 23 22 21 20 19 18 17 16

Impreso en los Estados Unidos de América
Printed in the United States of America

Dedicado a la misionera Graciela Foster, con la que viajé por diferentes partes del mundo, para llevar el glorioso evangelio de nuestro Señor Jesucristo.

Su ministerio desinteresado, en el que invirtió su propio dinero para bendecir a otros, es digno de encomio. Gracias, hermana Graciela, por cumplir con la gran comisión de: «Id, por todo el mundo y proclamad el evangelio a toda criatura» (Marcos 16:15).

ÍNDICE

Prólogo 7
1. Las cualidades del visionario 11
2. La seguridad del visionario 15
3. La adoración del visionario 19
4. La unción del visionario 22
5. La confirmación del visionario 25
6. La selección del visionario 28
7. La obediencia del visionario 32
8. El ejemplo de visionario 35
9. La fe del visionario 38
10. La diplomacia del visionario 42
11. La autoridad del visionario 45
12. La motivación del visionario 49
13. El error del visionario 52
14. El final del visionario 55
15. El descendiente del visionario 58

PRÓLOGO

La *visión* y la *unción* son dos temas en los que, por algún tiempo, he venido insistiendo en mi ministerio pastoral y evangelístico, tanto a nivel nacional como internacional. Los grandes héroes de la fe fueron hombres y mujeres, en su mayoría, *ungidos y visionarios*. Muchos líderes en el ministerio no han logrado hacer todo lo que el Señor Jesucristo y el Espíritu Santo querían realizar por medio de ellos por la simple y llana razón de que no entendieron cuál era la visión de Dios para ellos. Ambas cosas, la *visión* y la *unción*, deben ir de la mano en la ruta que el Espíritu Santo traza para cada ministerio. Dios está muy interesado en hacer con y por medio de nosotros, usted y yo, grandes cosas. Lo único necesita es que alguien se atreva a creerle; que entienda su plan y su propósito.

El ministerio progresista, de envergadura, de impacto espiritual, es aquel en el que el líder es un *ungido* y un *visionario*. Hay líderes ungidos, pero no visionarios. Sansón es el paradigma apropiado. Aunque ungido, no tuvo visión. Otros líderes tienen visión, pero ya no estan ungidos para la misma. Saúl es ejemplo de esto. Dejó de ser el ungido, pero hasta el final no perdió la visión de luchar contra los filisteos. Un lema que resulta apropiado para líderes a quienes utilizará el Espíritu Santo para producir cambios en su generación es: *Ungidos para la visión*.

Por otro lado, hay pastores con unción, pero con congregaciones que no la tienen, y hay congregaciones ungidas sin que el pastor lo esté. Hay pastores visionarios en congregaciones no visionarias; y hay congregaciones visionarias con un pastor que no lo es. Esto hace que resulte bastante difícil que el propósito divino se cumpla en ambos. Lo normal es que cuando la cabeza está ungida, lo esté también el cuerpo, cuando la cabeza tiene visión, el cuerpo se mueva hacia donde ésta la conduzca (Salmo 133:2).

Conocer la visión de Dios para realizar la misión es el meollo del éxito ministerial. El visionario es no conformista, no tradicionalista, es un hombre o una mujer que sabe lo que Dios quiere hacer por medio de él o ella. La Iglesia necesita líderes *ungidos y visionarios.* ¡Que sean unos «locos»" en el ejército de la fe! No es de extrañar que a esa clase de líderes la gente los siga. Su mentalidad es de águilas y no de gallinas. Su visión tiene más peso que ellos y es más grande que ellos.

Estar junto a un líder *ungido y visionario* es una experiencia transformadora. ¡Hablan en grande! ¡Piensan en grande! ¡Actúan en grande! ¡Se mueven en grande! En su conquista no retroceden. Siempre se mueven en una dirección, y es hacia adelante.

Pero a la vez, los *ungidos y visionarios* se rodean de *ungidos y visionarios;* hombres y mujeres que piensan como ellos y los apoyan en todo. Hablan el lenguaje de los *ungidos* y tienen los ojos del *visionario.*

Los no ungidos no tienen oídos para escuchar o entender a los ungidos; tampoco tienen ojos para ver lo que ve el visionario. Su visión es limitada, defectuosa y borrosa.

Gedeón, juez de Israel, fue uno de los líderes *ungidos y visionarios* que Dios escogió para cambiar la historia de su época. Aunque carecía de muchas cualidades, tuvo las dos más importantes: *unción y visión.*

En las páginas siguientes, usted y yo, juntos, compartiremos el espíritu del *ungido visionario.* En cada uno de estos sermones sobre *Gedeón: el visionario,* exploraremos su trayectoria ministerial, y descubriremos que fue una persona ordinaria, como usted y *yo,* pero que debido a la unción y a la visión, llegó a ser una persona extraordinaria dentro de la generación en la que le tocó vivir. No fue un transeúnte más por la carretera de la historia, sino un constructor de la misma.

Si como resultado después de leer estos sermones que expuse por primera vez desde el púlpito de la Iglesia Pentecostal de Jesucristo de Queens, Nueva York, de la que mi esposa Rosa M. y yo nos honramos en ser los pastores, usted se siente animado a cambiar y a pensar diferente me sentiré satisfecho de haberlos compartido con usted.

Kittim Silva
Cartagena, Colombia
7 de abril de 1996

1
LAS CUALIDADES DEL VISIONARIO

«Y el ángel de Jehová se le apareció, y le dijo: Jehová está contigo, varón esforzado y valiente y Gedeón le respondió: Ah, Señor mío, si Jehová está con nosotros, ¿por qué nos ha sobrevenido todo esto? ¿Y dónde están todas sus maravillas, que nuestros padres nos han contado, diciendo: ¿No nos sacó Jehová de Egipto? Y ahora Jehová nos ha desamparado, y nos ha entregado en mano de los madianitas. Y mirándole Jehová, le dijo: Ve con esta tu fuerza, y salvarás a Israel de la mano de los madianitas. ¿No te envío yo? Entonces le respondió: Ah, Señor mío, ¿con qué salvaré yo a Israel? He aquí que mi familia es pobre en Manasés, y yo el menor en la casa de mi padre. Jehová le dijo: Ciertamente yo estaré contigo, y derrotarás a los madianitas como a un solo hombre» (Jueces 6:12–16).

Introducción

Los jueces de Israel, lideres de transición entre la conquista y la monarquía, fueron por naturaleza visionarios, que vieron lo que Dios quería hacer y le creyeron.

Esta época de los jueces nos habla de una fase dentro de la historia de Israel, en la que los israelitas, debido a su infidelidad espiritual a Dios, fueron víctimas de pueblos circunvecinos que los oprimieron (Jueces 2:11–15).

Después de que el pueblo de Dios cayó bajo el látigo punitivo de sus enemigos, Dios acudió en su auxilio levantando jueces que los iban librando (Jueces 2:16–18). En total fueron trece los jueces que aparecieron como visionarios en el escenario de Dios. Sus nombres son: Otoniel, Aod, Samgar, Débora, Barac, Gedeón, Tola, Jair, Jefté, Izban, Elón, Abdón y Sansón.

Uno de estos insignes visionarios fue Gedeón. Los israelitas habían permanecido por siete años bajo la opresión de los madianitas; y gracias al liderazgo de Gedeón, lograron vivir cuarenta años en paz y con bendición.

Según el relato bíblico, por causa de Madián, Israel huyó a los montes para esconderse (Jueces 6:2). Durante el tiempo de la siembra, sus rebaños y ganados eran atacados y saqueados (Jueces 6:3–5). Todo ello produjo una época de pobreza regional (Jueces 6:6). Cuando clamaron a Dios (6–7); éste les recordó por medio de un profeta anónimo su desobediencia, pero también su liberación (6, 8, 10).

El ángel de Jehová luego visitó la encina de Ofra, propiedad de Joas abiezerita y padre de Gedeón, y allí encontró a Gedeón sacudiendo el trigo en el lagar para esconderlo (6:11). Allí se le apareció el ángel de Jehová, le señaló varias cualidades (6:12); lo animó (6:14) y le impartió confianza (6:16).

I. Las cualidades del visionario

«Y el ángel de Jehová se le apareció, y le dijo: Jehová está contigo, varón esforzado y valiente» (6:12).

«Jehová está contigo». Cualquiera puede decir que está con Dios, ¿pero estará Dios con él o con ella? ¿Podremos realizar algo para Dios si éste no está con nosotros? El líder visionario camina con Dios y Dios camina con él. De Enoc leemos: Y caminó Enoc con Dios . . .» (Génesis 5:22). Estaban en comunión el uno con el otro. Necesitamos estar saturados del poder de Dios para ser líderes eficaces. Más importante que el título o la posición ministerial es la vida devocional y el caminar santo que se tiene que expresar delante de Dios. A Dios le interesa más lo que *somos* que lo que *hacemos*.

«Varón esforzado». La visión que Dios tenía de Gedeón era la de un creyente fuerte. Su espíritu era varonil. Hombres y mujeres de una sola pieza son los que Dios está buscando. El ministerio no se ha hecho para "gallinas", es para aguilas". ¡El líder visionarto siem-

pre es esforzado; hace más de lo que puede! ¡Nunca se rinde! ¡Nunca dice que no puede! ¡Nunca sale huyendo!

«Y valiente». El mundo está lleno de cobardes, cobardes de hacer la voluntad de Dios, cobardes de vivir vidas que agraden a su Creador. En las congregaciones hay muchos cobardes, cobardes que le hacen caso al temor y que se paralizan ante las dudas. En el liderazgo y en el ministerio para Dios y de Dios, los cobardes no tienen lugar.

II. El ánimo del visionario

«Y mirándole Jehová, le dijo: Ve con esta tu fuerza, y salvarás a Israel de la mano de los madianitas. ¿No te envío yo?» (6:14).

Gedeón era un creyente humilde. Aunque Dios le dijo que estaba con él, declara: «Ah, Señor mío, si Jehová está con nosotros . . .» (6:13). Los hombres y mujeres que Dios llama siempre piensan bien de los demás, nunca se ven superiores a nadie. No compiten espiritualmente para ganarles a otros. La competencia espiritual es un espíritu religioso malvado. Este espíritu religioso tiene a muchas congregaciones paralizadas en su pasado y resistiendo los cambios que el Espíritu Santo desea para las mismas. Si Dios está contigo y está conmigo, procuremos que también esté con nuestros hermanos.

Gedeón era un creyente preocupado. A Dios le hizo dos preguntas y una afirmación (6:13). Esto parecía ser el clamor del pueblo: «¿Por qué nos ha sobrevenido todo esto? ¿Y dónde están todas sus maravillas que nuestros padres nos han contado . . .? Y ahora Jehová nos ha desamparado, y nos ha entregado en mano de los madianitas».

Gedeón era un creyente alentado. Dios le responde. «Ve con esta tu fuerza, y salvarás a Israel de la mano de los madianitas. ¿No te envio yo?» (6:14). Dios no está interesado en cuán fuertes somos, sino en la disposición de poner nuestra fuerza a su servicio. Más que nuestra fuerza, Dios quiere nuestra voluntad, es decir, nuestra entrega total tanto a El como a su propósito.

Bien lo declaró el salmista David: Jehová cumplirá su propósito en mi . . .» (Salmo 138:8). El verbo hebreo que se traduce como "cumplirá" es *gamar*, que significa: finalizar, realizar, satisfacer o perfeccionar, según Strong. Para cada uno de nosotros Dios tiene un propósito; nos corresponde a nosotros ayudarlo a que Él lo cumpla.

La clave de toda misión depende de la comisión de Dios. En la pregunta que le hace a Gedeón, «¿no te envío yo?» se percibe que Dios quería que la visión se cimentara en Gedeón, y que en su corazón se reafirmara: «Yo iré, porque Dios me envía a mí».

En el versículo 16 leemos: «Jehová le dijo: Ciertamente yo estaré contigo, y derrotaré a los madianitas como a un solo hombre».

Esa seguridad de que Dios está con aquel a quien llama y comisiona, le permite a esa persona actuar para Dios. En palabras de nuestro Señor Jesucristo: «Yo soy la vid, vosotros los pámpanos; el que permanece en mí, y yo en él, éste lleva mucho fruto; porque separados de mí nada podéis hacer» (Juan 15:5).

Conclusión

Principios que debemos recordar: (1) Una buena relación con Dios precede a cualquier llamamiento. (2) A creyentes vigorosos, Dios da visiones poderosas. (3) A Dios no le interesan los cobardes para el ministerio. (4) La humildad conduce a ponernos al nivel de los demás. (5) La preocupación por otros es señal de que el corazón late para el ministerio. (6) La disposición es la llave que abre la puerta del servicio a Dios.

2

LA SEGURIDAD DEL VISIONARIO

«Y él respondió: Yo te ruego que si he hallado gracia delante de ti, me des señal de que tú has hablado conmigo. Te ruego que no te vayas de aquí hasta que vuelva a ti y saque mi ofrenda y la ponga delante de ti. Y el respondió: Yo esperaré hasta que vuelvas. Y entrando Gedeón, preparó un cabrito, y panes sin levadura de un efa de harina; y puso la carne en un canastillo, y el caído en una olla, y sacándolo se presentó debajo de aquella encina. Entonces el ángel de Dios le djio: Toma la carne y los panes sin levadura, y ponlos sobre esta peña, y vierte el caído. Y él lo hizo así. Y extendiendo el ángel de Jehová el báculo que tenía en su mano, tocó con la punta la carne y los panes sin levadura; y subió fuego de la peña, el cual consumió la carne y los panes sin levadura. Y el ángel de Jehová desapareció de su vista. Viendo entonces Gedeón que era el ángel de Jehová, dijo: Ah, Señor Jehová, que he visto al ángel de Jehová cara a cara. Pero Jehová le dijo: Paz a ti; no tengas temor; no morirás» (Jueces 6:17–23).

Introducción

Los líderes visionarios como Gedeón saben levantar barreras de seguridad entre las emociones y la realidad. Antes de desarrollar la visión recibida, van delante de Dios y se aseguran con éste que lo que van a realizar procede en verdad de Él, que el tiempo de su voluntad para actuar es ése.

La mayoría de los fracasos que sufren muchos visionarios, tienen su base en el tiempo de Dios; o se retrasan o se adelantan; pero no actúan en el kairos de Dios.

I. La seguridad de haber hablado con Dios.

«Y él respondió: Yo te ruego que si he hallado gracia delante de ti, me des señal de que tú has hablado conmigo» (6:17).

Notemos la reverencia con la que Gedeón se dirige a Dios, «yo te ruego...» A Dios se le pide con respeto, con temor y conforme a su voluntad. Aquellos que conocen bien a Dios, saben dirigirse bien a Él. Nuestra actitud delante de Dios lo puede rebajar o lo puede exaltar. Él desea siempre ser exaltado. La oración del Padrenuestro concluye asi: «... porque tuyo es el reino, y el poder, y la gloria por todos los siglos» (Mateo 6:13). Dios lo quiere todo y para siempre.

Lo otro que notamos es que Gedeón se preocupa por el estado de aceptación ante Dios: «... si he hallado gracia delante de ti...».

La *gracia* quiere decir un estado inmerecido ante Dios. Ante Él no valen los *méritos* personales, ni los títulos, sino el ser objeto de su gracia o favor.

En palabras de Nehemías, ese estado de gracia se expresa así: «... concede ahora buen éxito a tu siervo, y dale gracia delante de aquel varón. Porque yo servía de copero al rey» (1:11). «...Y me lo concedió el rey, según la benéfica mano de Dios sobre mí» (2:8).

En Ester 2:17 leemos: «Y el rey amó a Ester más que a todas las mujeres, y halló gracia y benevolencia delante de él mas que todas las demás vírgenes, y puso la corona real en su cabeza, y la hizo reina en lugar de Vasti». En Ester 5:2 leemos: «Y cuando vio a la reina Ester que estaba en el patio, ella obtuvo gracia ante sus ojos...»

En Génesis 39:21 leemos: «Pero Jehová estaba con José y le extendió su misericordia, y le dio gracia en los ojos del jefe de la cárcel».

Los visionarios tienen que estar seguros de que la gracia de Dios está sobre ellos para tener gracia ante los demás. Esta es la señal de la carne y los panes consumidos por el fuego del ángel (Jueces 6:21).

Por último Gedeón busca una confirmación: «me des señal de que tú has hablado conmigo». Esa era la señal del vellón de lana (6:36–39). Gedeón no pidió señal porque dudara de Dios, sino más bien para afirmar que creía en Dios y que le creía a Dios. Pero antes de que Dios le diera alguna señal, Gedeón necesitaba centrarse más en Dios que en la señal de Dios. Las señales vienen después de la Iglesia (Marcos 16:16–17); pero la Iglesia no viene después de las señales.

II. La seguridad de haber adorado a Dios.

«Te ruego que no te vayas de aquí hasta que vuelva a ti, y saque mi ofrenda y la ponga delante de ti. Y él respondió: Yo esperaré hasta que vuelvas» (6:18).

El visionario antes que cualquiera otra cosa es un adorador. Gedeón era un adorador de Dios. Le dice a Dios: «Te ruego que no te vayas de aqui hasta que vuelva a ti, y saque mi ofrenda y la ponga delante de ti . . .»

A los verdaderos adoradores los distingue la actitud de ofrendar (Juan 4:24). Gedeón es enfático, «y saque mi ofrenda y la ponga delante de ti».

Nuestra ofrenda externa representa la que internamente le damos a Dios. Muchos hoy día que están en el ministerio, no son los visionarios que deberían ser, porque en sus corazones hay telarañas de tacañería delante de Dios. Se les hace difícil desprenderse de una ofrenda para Dios. Saben recibir de Dios, pero no saben devolverle a Dios.

La ofrenda de Gedeón fue sustanciosa en un tiempo de necesidad (6:4–6; cf. 6:19). A Dios le presentó un cabrito preparado y panes sin levadura preparados con unos treinta y seis kilogramos de harina (6:19). Nuestras necesidades nunca deben quitarle nuestra ofrenda a Dios.

Por instrucciones de Dios, Gedeón tomó la ofrenda y la puso en la peña y le roció el caldo (6:20). Al ofrendar a Dios hay que seguir las instrucciones que El da. No ofrendemos a nuestra manera sino a su manera. Cuando el báculo del ángel de Jehová tocó el sacrificio, salió fuego que lo consumió (6:21). Así dio Dios prueba de que se agradó con el sacrificio de Gedeón. Esto hizo que Gedeón tuviera una visión más clara de Dios: «Ah, Señor Jehová, que he visto al ángel de Jehová cara a cara». Ante su reacción Dios lo consuela: Paz a ti; no tengas temor» (6:22).

Conclusión

Algunos principios que debemos recordar: (1) Estar en gracia delante de Dios es estar en gracia con los demás. (2) El verdadero adorador es aquel que sabe ofrendar a Dios.

3

LA ADORACIÓN DEL VISIONARIO

«Y edificó allí Gedeón altar a Jehová y lo llamó Jehová-salom; el cual permanece hasta hoy en Ofra de los abiezeritas. Aconteció que la misma noche le dijo Jehová: Toma un toro del hato de tu padre, el segundo toro de siete años, y derriba el altar de Baal que tu padre tiene, y corta también la imagen de Asera que está junto a él; y edifica altar a Jehová tu Dios en la cumbre de este peñasco en lugar conveniente; y tomando el segundo toro, sacrifícalo en holocausto con la madera de la imagen de Asera que habrás cortado. Entonces Gedeón tomó diez hombres de sus siervos, e hizo como Jehová le dijo. Mas temiendo hacerlo de dia, por la familia de su padre y por los hombres de la ciudad, lo hizo de noche» (Jueces 6:24–27).

Introducción

Si algo le interesa a Dios de los visionarios, es que éstos lo adoren en privado y en público, que le levanten altar a su nombre y que destruyan aquellos altares que la sociedad ha levantado en contra de El. Dios es un Dios de altar porque le gusta estar elevado. Los altares de las iglesias no están altos para los predicadores, sino para el Dios de los predicadores. A Jesucristo le gusta estar elevado; quiere siempre sobresalir en nuestras prédicas, enseñanzas, cánticos y ministerios; coloquémoslo bien alto.

I. El visionario edifica altares privados.

«Y edificó allí Gedeón altar a Jehová, y lo llamó Jehová-salom, el cual permanece hasta hoy en Ofra de los abiezeritas» (6:24).

La vida devocional que mantiene el visionario en privado le ayuda en su éxito público ante los demás, cuando está realizando la misión para Dios.

Pregúntele a algún águila de Dios que esté volando alto en el ministerio, cuándo alcanzó esa altura y su respuesta será: "Comencé a volar hace mucho tiempo, poco a poco, hasta que tomé altura". Las alturas no se conquistan de inmediato; toman tiempo.

Los visionarios comienzan con una visión del altar de Dios. En sus "ofras" le edifican a Dios el altar para la paz. Gedeón llamó a aquel altar "Jehová-salom".

El autor del libro de los jueces añade: "el cual permanece hasta hoy en Ofra de los abiezeritas" (6:24), El altar de paz que un visionario levanta a Dios-Hijo, a Jesucristo, debe permanecer como testimonio para su generación y para las generaciones futuras.

II. El visionario edifica altares públicos.

«Y edifica altar a Jehová tu Dios en la cumbre de este penasco en lugar conveniente; y tomando el segundo toro, sacrifícalo en holocausto con la madera de la imagen de Asera que habrás cortado» (6:26).

Dios instruyó a Gedeón para que tomara el segundo toro de siete años del hato de su padre (6:25). Luego le dio instrucciones para destruir el altar de Baal y cortar la imagen de madera de Asera y con ésta quemar el holocausto.

Los israelitas habían corrompido su adoración, al cambiar a Jehová Dios por Baal y Asera. Dios quería eliminar a sus competidores religiosos. Esa noche Gedeón con diez siervos obedeció a Dios.

La primera ofrenda que Gedeón dio a Dios fue voluntaria (6:19); esta segunda ofrenda es obligatoria (6:25). A Dios hay que ofrendarle cuando no pide y hay que ofrendarle cuando pide. Hay que darle la ofrenda del cabrito, pero también la ofrenda del segundo toro de siete años, lo que no cuesta y lo que cuesta; aquello de lo que nos es fácil desprendernos y aquello de lo que nos resulta difícil desprendernos.

Posiblemente el segundo toro de siete años era el destinado para ser sacrificado a Baal. Jehová Dios pedía siempre el primero, en este caso le quita el segundo a Baal. Esto enseña que Dios quiere ser el primero y segundo en la vida del adorador.

Por la mañana los de la ciudad, al encontrar derribado su altar a Baal, cortada su imagen de Asera y convertida en leña y sacrificado el segundo toro (6:28); se dijeron: «¿Quién ha hecho esto?» (6:29). Y la respuesta fue que lo había hecho Gedeón el hijo de Joás (6:29), al que presionaron para que entregara a Gedeón (6:30). Joás respondió: «¿Contenderéis vosotros por Baal? ¿Defenderéis su causa? Cualquiera que contienda por él, que muera esta mañana. Si es un dios, contienda por sí mismo con el que derribó su altar» (6:31).

Estas palabras de Joás me recuerdan las del profeta Elías cuando dijo: «...¿Hasta cuándo claudicaréis vosotros entre dos pensamientos? Si Jehova es Dios, seguidle: y si Baal, id en pos de él. Y el pueblo no respondió palabra» (1 Reyes 18:21).

Luego leemos cómo Elias se burlaba de Baal: «Y aconteció al mediodía, que Elías se burlaba de ellos, diciendo: Gritad en alta voz, porque dios es; quiza está meditando, o tiene algún trabajo, o va de camino; tal vez duerme, y hay que despertarle» (1 Reyes 18:27).

Dice la Escritura: «Aquel día Gedeón fue llamado Jerobaal, esto es: Contienda Baal contra él, por cuanto derribó su altar» (6:32).

En nuestros días necesitamos derribadores de altares. Hombres y mujeres llenos del poder del Espíritu Santo y que, movidos por un coraje santo, destruyan altares de idolatría espiritual, altares de temores, altares de derrotas humanas y toda clase de altar que se quiera interponer entre Dios y los pecadores que necesitan de su misericordia.

Conclusión

Principios para recordar : (1) El visionario sabe levantar un altar de paz a Dios en la "ofra" de su corazón. (2) Cuando Dios pide el segundo toro de siete años se le debe dar con la misma actitud que cuando le ofrendamos el becerrito.

4

LA UNCIÓN DEL VISIONARIO

«Pero todos los madianitas y los amalecitas y los del oriente se juntaron a una, y pasando acamparon en el valle de Jezreel. Entonces el Espíritu de Jehová vino sobre Gedeón, y cuando éste tocó el cuerno, los abiezeritas se reunieron con él. Y envió mensajeros por todo Manasés, y ellos también se juntaron con él; asimismo envió mensajeros a Aser, a Zabulón y a Neftalí, los cuales salieron a encontrarles» (Jueces 6:33–35).

Introducción

La visión puede poseerse antes que la unción, pero sin la unción no se puede realizar la misión. Hay muchos líderes con visión, pero no pueden hacer nada porque les falta la unción. Gedeón recibió una visión de lo que Dios quería hacer, pero también recibió la unción para que Dios actuara por intermedio suyo.

I. Se necesita unción para hacer frente al enemigo.

«Pero todos los madianitas y amalecitas y los del oriente se juntaron a una, y pasando acamparon en el valle de Jezreel» (6:33). El diablo sabe unir a su gente para atacar al pueblo de Dios. Dos inconversos que no se hablan se juntan para criticar y hablar mal de un siervo o sierva de Dios. El arresto y juicios de Jesús produjo que hicieran las paces dos antiguos enemigos: «Y se hicieron amigos Pilato y Herodes aquel día porque antes estaban enemistados entre sí» (Lucas 23:12).

Si el diablo, que es divisionista por naturaleza, sabe unir a aquellos que se mantienen separados por religión, raza, etnicidad, edad, clase social, afiliación política, sexo y tantas cosas más; cuánto más debe aprender la Iglesia de Jesucristo a unirse y mantenerse unida.

El falso espíritu de religión es el que mantiene dividida a la Iglesia. Pero una Iglesia ungida, con la unción romperá el yugo denominacional, y el yugo conciliar, el yugo legalista, el yugo de masoquismo espiritual.

Dice la Biblia: «Acontecerá en aquel tiempo que su carga será quitada de su hombro, y su yugo de tu cerviz, y el yugo se pudrirá a causa de la unción» (Isaías 10:27).

Aunque el diablo reagrupe sus tropas, un visionario ungido le podrá hacer frente. ¡Necesitamos líderes ungidos. Ungidos para hacer frente a los madianitas y amalecitas! ¡Ungidos para luchar en las batallas de Dios! ¡Ungidos para moverse a la ofensiva!

II. Se necesita unción para tocar el cuerno.

«"Entonces el Espíritu de Jehová vino sobre Gedeón, y cuando éste tocó el cuerno, los abiezeritas se reunieron con él» (6:34).

Sin unción, sin el Espíritu Santo en control de la mente y del corazón del visionario, sin el temperamento bajo el control del Espíritu Santo, no se puede tocar el cuerno para la batalla. Muchos visionarios han fracasado, aunque poseían visiones que Dios les había revelado, porque les ha faltado unción. Sin la unción las cosas se hacen en la carne pero con unción se hacen en el Espíritu.

Los que están cerca de nosotros, los abiezeritas, los de Manasés, sabrán cuándo tocamos el cuerno ungidos o no ungidos. Cuando ministramos con unción o sin unción. Cuando predicamos con unción o cuando nos falta. Cuando dirigimos con unción o cuando lo hacemos sin unción. Cuando hablamos ungidos o cuando hablamos como «metal que resuena, o címbalo que retiñe» (1 Corintios 13:1).

El ungido o la ungida tocará el cuerno y los que lo oigan obedecerán de inmediato. Al líder ungido lo seguirán personas que respetarán su unción. Se puede discrepar de la personalidad del líder, pero no de su unción. A los ungidos se les respeta.

A causa de la unción se manifiesta la autoridad espiritual. La unción es el Espíritu Santo (1 Juan 2:20). La autoridad espiritual la expresa el Espíritu Santo.

III. Se necesita unción para ser un líder reconocido

«Y envió mensajeros por todo Manasés, y ellos también se juntaron con él; asimismo envió mensa-Aser, a Zabulón y a Neftalí, los cuales salieron a encontrarles» (6:35).

En Gedeón descubrimos a un líder con poder de convocatoria. Primero convocó a los de su propia tribu de Manasés (cf. 6:15): y luego a las tribus vecinas de Aser, Zabulón y Neftalí.

Jesús mismo declaró: «Pero recibiréis poder, cuando haya venido sobre vosotros el Espíritu Santo, y me seréis testigos en Jerusalén, en toda Judea, en Samaria, y hasta lo último de la tierra» (Hechos 1:8). El líder ungido comienza primero por Jerusalén, el lugar oficial de su llamamiento. Su tribu de Manasés es la primera en responder a su convocatoria. Todo ministerio primero debe aprobarse en la iglesia madre, antes de partir a ministrar en otras iglesias. Muchos han fracasado porque no han comenzado en su casa, sino en la casa del vecino.

Gedeón, como era un visionario ungido, envió una convocatoria a las tribus de Manasés, de Aser, de Zabulón y de Neftali. Y ¿qué ocurrió? Las cuatro tribus "salieron a encontrarles" (6:35). La unción lo transformó en un líder reconocido, en un buen relacionista público.

La unción que posee el visionario hace que los demás lo reconozcan como líder, que lo respeten, que le crean y que lo apoyen en el desarrollo de su visión.

Gedeón era un «don nadie», pero con la unción se convirtió en un «don alguien» ¡Busquemos la unción! ¡Pidamos la unción! ¡Poseamos la unción!

Conclusión

Aplicaciones que debemos recordar: (1) El visionario ungido puede hacer frente a la oposición. (2) El visionario ungido tocará con unción el cuerno de la autoridad espiritual. (3) El visionario ungido recibirá el apoyo de su gente.

5

LA CONFIRMACIÓN DEL VISIONARIO

«Y Gedeón dijo a Dios: Si has de salvar a Israel por mi mano, como has dicho, he aquí que yo pondré un vellón de lana en la era: y si el rocío estuviere en el vellón solamente, quedando seca toda la otra tierra, entonces entenderé que salvarás a Israel por mi mano, como lo has dicho. Y aconteció asi, pues cuando se levantó de mañana, exprimió el vellón y sacó de él el rocío, un tazón lleno de agua. Mas Gedeón dijo a Dios: No se encienda tu ira contra mí, si aun hablare esta vez; solamente probaré ahora otra vez con el vellón. Te niego que solamente el vellón quede seco, y el rocío sobre la tierra. Y aquella noche lo hizo Dios así: sólo el vellón quedó seco, y en toda la tierra hubo rocío"»(Jueces 6:36–40).

Introducción

Los visionarios una vez han sido ungidos, se vuelven muy cautelosos; y aunque saben lo que Dios les ha reservado, buscan que les confirme su posición y su misión. Cuanto más espiritual es un líder, más busca confirmar la voluntad de Dios para su vida. La visión y la unción van estrechamente unidas con la confirmación de Dios.

I. El visionario pone una señal objetiva.

«He aquí que yo pondré un vellón de lana en la era; y si el rocío estuviere en el vellón solamente, quedando seca toda la tierra, entonces entenderé que salvarás a Israel por mi mano, como lo has dicho» (6:36).

El visionario nunca comienza a actuar sin reconfirmar la voluntad de Dios en su misión. Gedeón está listo, pero antes de dar el primer paso, trata de comprobar que todo está conforme con el programa de Dios. Nuestra agenda personal muchas veces puede entrar en conflicto con la agenda de Dios. Hay que dejarle espacio a Dios en nuestros planes para que Él actúe.

El visionario objetivo ve las circunstancias y, antes de tomar alguna decisión en cuanto al desarrollo de alguna visión, se pregunta: «¿Cómo la realización de esta visión puede afectar a otros? ¿Qué consecuencias tendrán que sobrellevar debido a mi decisión?»

Dicen las Escrituras: «Y aconteció así, pues cuando se levantó de mañana, exprimió el vellón y sacó de él el rocío, un tazón lleno de agua» (6:38).

Como la señal que propuso Gedeón delante de Dios fue específica, Dios le contesta de manera específica. A Dios no se le puede ir con ambigüedades; tenemos que ser claros y precisos.

II. El visionario pone una señal subjetiva.

«Mas Gedeón dijo a Dios: No se encienda tu ira contra mí, si aun hablare esta vez; solamente probaré ahora otra vez con el vellón. Te ruego que solamente el vellón quede seco, y el rocío sobre la tierra» (6:39).

Ahora Gedeón, el visionario ungido, va a dar su segundo paso en el cumplimiento de la voluntad de Dios. Pero desea una vez más reconfirmar la visión de Dios en su vida y ministerio.

El visionario subjetivo se ve a sí mismo y a sus propias circunstancias. Debemos preguntarnos a nosotros mismos: «¿Estoy listo para lo que voy a realizar? ¿Estoy seguro de que el tiempo para desarrollar esta visión es ahora? ¿Me atendré a las consecuencias, buenas o malas, que puedan resultar de la realización de mi visión?»

La señal de que sólo el vellón de lana quedara mojado, aunque milagrosa, hubiera sido más fácil de racionalizar. Pero que quedara el vellón de lana seco mientras que la tierra permanecía mojada debido al rocío, le da mayor peso milagroso a la señal.

No siempre el vellón de lana mojado indicará que se trata de la voluntad de Dios. Habrá ocasiones en que la voluntad de Dios será que permanezca seco. Y otras veces, la perfecta voluntad de Dios será que esté primero mojado y luego seco.

Leemos: «Y aquella noche lo hizo Dios así; sólo el vellón quedó seco, y en toda la tierra hubo rocío» (6:40). Dios es Dios y hace lo que quiere. Cuando no quiere hacer algo no lo hace y sigue siendo Dios. Notemos ese énfasis: «Lo hizo Dios así.»

Conclusión

Resumimos esta exposición en estos puntos: (1) El visionario debe pensar en cómo su visión afectará a otros. (2) El visionario debe pensar en cómo su visión lo afectara a él o ella. (3) A Dios no le molesta que queramos comprobar su voluntad para nuestra vida.

6

LA SELECCIÓN DEL VISIONARIO

«Y Jehová dijo a Gedeón: Aun es mucho el pueblo; llévalos a las aguas, y allí te los probaré; y del que yo te diga: Vaya este contigo, irá contigo; mas de cualquiera que yo te diga: Este no vaya contigo, el tal no irá. Entonces llevó el pueblo a las aguas; y Jehová dijo a Gedeón: Cualquiera que lamiere las aguas con su lengua como lame el perro, a aquel pondrás aparte: asimismo a cualquiera que se doblare sobre sus rodillas para beber Y fue el número de los que lamieron llevando el agua con la mano a su boca, trescientos hombres; y todo el resto del pueblo se dobló sobre sus rodillas para beber las aguas. Entonces Jehová dijo a Gedeón: Con estos trescientos hombres que lamieron el agua os salvaré, y entregaré a los madianitas en tus manos; y váyase toda la demás gente cada uno a su lugar. Y habiendo tomado provisiones para el pueblo, y sus trompetas, envió a aquellos trescientos hombres; y tenía el campamento de Madián abajo en el valle» (Jueces 7:4–8).

Introducción

La visión de un líder la aplauden muchos, pero la apoyan y cargan pocos. De treinta y dos mil voluntarios que estuvieron de acuerdo con la visión de Gedeón (7:3); sólo diez mil se quedaron para apoyarla (7:3). Y de esos, sólo trescientos la cargaron (7:6–7). Es con una minoría que el líder visionario logra hacer realidad su visión.

I. Los treinta y dos mil voluntarios.

«Ahora, pues, haz pregonar en oídos del pueblo, diciendo: Quien tema y se estremezca, madrugue y devuélvase desde el monte de Galaad. Y se devolvieron del pueblo veintidós mil...» (7:3).

Temprano en la mañana, Gedeón acampó con un inmenso ejército que había sido reclutado cerca de la fuente de Harod, y los madianitas estaban al norte (7:1).

Pero a Dios le preocupó el alto número de reclutas de que disponía Gedeón. Sabía que ese número de treinta y dos mil guerreros, cuando Dios le diera la victoria a Israel, los podía llenar de orgullo y llevarlos a atribuirse todo el crédito.

«Y Jehová dijo a Gedeón: El pueblo que esta contigo es mucho para que yo entregue a los madianitas en su mano, no sea que se alabe Israel contra mi, diciendo: Mi mano me ha salvado» (7–2).

El ser humano siempre tiene la tendencia a atribuirse la gloria por algo que Dios ha hecho. Cuando a Dios y sólo a Dios le pertenece la gloria.

En el *padrenuestro* leemos: «. . . porque tuyo es el reino, y el poder, y la gloria por todos los siglos. Amén» (Mateo 6:13).

El visionario no se puede dejar impresionar porque muchos le digan que sí a su visión. Muchos reaccionan en forma emocional ante la visión del líder, pero en su corazón no la han recibido. No están dispuestos a pagar el precio por ver esa visión realizada.

Dios, conocedor de todas las cosas y del corazón humano, sabía que entre esos treinta y dos mil había veintidós mil que eran miedosos. Tenian miedo de que la visión se fuera a realizar. No tenían fe en el visionario, ni en el Dios del visionario, porque el que tiene fe no teme y el que teme ha perdido la fe.

Dios le dijo a Gedeón: «Ahora, pues, haz pregonar en oídos del pueblo, diciendo: Quien tema y se estremezca, madrugue y devuélvase desde el monte de Galaad. Y se devolvieron de los del pueblo veintidós mil, y quedaron diez mil».

II. Los diez mil voluntarios.

«...y quedaron diez mil» (7:3).

El líder visionario, cuando los miedosos se dispersan, continúa hacia adelante con los que permanecen. Aunque la gente le falle, el visionario sabe que su Dios no le fallará.

Pero para Dios todavía quedaban muchos. Leemos: «Y Jehová dijo a Gedeón: Aún es mucho el pueblo; llévalos a las aguas, y allí te los probaré; y del que yo te diga: Vaya éste contigo, irá contigo; mas de cualquiera que yo te diga: Este no vaya contigo, el tal no irá» (7:4).

Muchos aparentan que están de acuerdo con la visión del líder, pero Dios sabe que no es así. De esos diez mil había un gran número que tenía su propia visión y no la visión de Gedeón.

Gedeón los llevó a las aguas y Dios le dio esta señal para seleccionar: «Cualquiera que lamiere las aguas con su lengua como lame el perro, a aquel pondrás aparte; asimismo a cualquiera que se doblare sobre sus rodillas para beber» (7:5).

Los que lamieron fueron trescientos hombres, el resto se postró de rodillas (7:6). Trescientos se agacharon de pie; tomaron el agua con las manos y de pie la lamieron. Actuaron conforme a la voluntad de Dios. Los que cargarán la visión del líder serán hombres y mujeres que se moverán dentro de la voluntad de Dios. Tiene que elegirlos Dios.

Esto demostró más firmeza en los trescientos. Estaban dispuestos a realizar las cosas ante su líder visionario con más carácter y con un estilo diferente a la mayoría. Eran los radicales de Dios. La tradición de la mayoría no les influía. Eran creativos e individualistas.

III. Los trescientos voluntarios.

«Entonces Jehová dijo a Gedeón: Con estos trescientos hombres que lamieron el agua os salvaré, y entregaré a los madianitas en tus manos; y váyase toda la demás gente cada uno a su lugar» (7:7).

Estos trescientos hombres creyeron en la visión de Gedeón, cargaron esta visión, defendieron esta visión y se entregaron en alma y cuerpo a esta visión.

Dios todavía sigue buscando creyentes que carguen la visión del líder. Que caminen con éste, que se unan a éste y que peleen, espiritualmente hablando, a favor de la visión y del visionario.

Tienen que ser hombres y mujeres que le crean a un Dios grande, y que emprendan para Dios grandes cosas. Atrévanse a creerle y Dios se atreverá a hacer cosas grandes a través de ustedes..

Denle a Dios su boca y El la usará. Denle a Dios sus manos y El las usará. Denle a Dios sus pies y El los usará. Denle a Dios su mente y El la usará. Permitan que Dios los use y Él los usará.

Conclusión

Resumimos así las ideas principales: (1) La victoria de Dios no es de los muchos, sino de los que tienen fe. (2) Aun los que tienen fe tienen que tener el estilo de Dios. (3) La visión de Dios avanza con los pocos.

7
LA OBEDIENCIA DEL VISIONARIO

«Cuando llegó Gedeón, he aquí que un hombre estaba contando a su compañero un sueño, diciendo: He aquí yo soñé un sueño: Veía un pan de cebada que rodaba hasta el campamento de Madián, y llegó a la tienda, y la golpeó de tal manera que cayó, y la trastornó de arriba abajo. y la tienda cayó. Y su compañero respondió y dijo: Esto no es otra cosa sino la espada de Gedeón hijo de Joás, varón de Israel. Dios ha entregado en sus manos a los madianitas con todo el campamento. Cuando Gedeón oyó el relato del sueño y su interpretación, adoró; y vuelto al campamento de Israel, dijo: Levantaos, porque Jehová ha entregado el canpamento de Madián en vuestras manos. Y repartiendo los trescientos hombres en tres escuadrones. dio a todos ellos trompetas en sus manos, y cántaros vacíos con teas ardiendo dentro de los cántaros» (Jueces 7:13–16).

Introducción

La clave para el éxito o triunfo de todo visionario es la obediencia a la voz de Dios. El mundo está lleno de voces extrañas, pero el lider visionario busca oír la voz de su Señor y, cuando la escucha, le responde en obediencia.

I. El visionario obedece la orden de Dios.

«Aconteció que aquella noche Jehová le dijo: Levántate, y desciende al campamento, porque yo lo he entregado en tus manos» (7:9).

Dios es un Dios de órdenes: Quienes se ponen a su servicio deben estar dispuestos a obedecerle en todo. Los visionarios son creyentes obedientes. Al obedecer a las autoridades espirituales puestas por Dios, obedecen a Dios. Lo contrario al espíritu de obediencia es el espíritu de rebelión. La rebelión, véase como se quiera, es pecado, y el pecado quita el favor de Dios. Él le declaró a Gedeón: «Levántate, y desciende al campamento; porque yo lo he entregado en tus manos». Dios espera de los visionarios una doble acción: que tengan un espíritu decidido, y que se muevan en la dirección de la visión. Que no permitan que los entretenga nada que no forme parte de la visión.

II. El visionario obedece la revelación de Dios.

«Y si tienes temor de descender, baja tú con Fura tu criado al cannpamento, y oirás lo que hablan; y entonces tus manos se esforzarán. y descenderás al campamento...» (7:10–11).

Los líderes visionarios muchas veces sienten algún grado de temor ante los resultados de lo inesperado. Tienen la visión, pero sienten temor de realizarla. Ven el costo de la realización de la misma como muy elevado y los sacrificios como excesivos.

Dios instruyó a Gedeón para que descendiera al campamento enemigo, con Fura su criado y hombre de confianza. Los visionarios siempre deben tener a un Fura que los aliente en su visión, que sea su escudero espiritual, que lo anime a realizar y que camine con él en la visión. Cuando Gedeón descendió con Fura, escuchó a un hombre relatar un sueño a otro. Su sueño era: «Veía un pan de cebada que rodaba hasta el campamento de Madián, y llegó a la tienda, y la golpeó de tal manera que cayó, y la trastorno de arriba abajo. y la tienda cayó» (7:13). Para sorpresa de Gedeón, el compañero madianita que escuchó el sueño, le dio la interpretación: «Esto no es otra cosa sino la espada de Gedeón hijo de Joás, varón de Israel, Dios ha entregado en sus manos a los madianitas con todo el campamento» (7:14). La visión de los visionarios siempre la reconocerán otros. Otros profetizarán su éxito; y lo reconocerán como líder puesto por Dios.

III. El visionario obedece la naturaleza de Dios.

«Cuando Gedeón oyó el relato del sueño y su interpretación, adoró; y vuelto al campamento de Israel, dijo: Levantaos, porque Jehová ha entregado el campamento de Madián en vuestras manos» (7:15).

A Dios por naturaleza le gusta la adoración. Busca verdaderos adoradores para que lo adoren en espíritu y en verdad (Juan 4:24). No quiere adoración carnal, ni fingida.

La adoración a Dios debe ser espontánea, debe nacer del corazón del adorador. A Dios se lo adora por lo que Él es. ¿Quién es Dios para nosotros? ¿Quién es Jesucristo para nosotros? ¿Quién es el Espíritu Santo para nosotros?

El líder visionario es sobre todo un genuino adorador de Dios. Gedeón fue un adorador. Cualquier intervención de Dios en su vida se convertía en un pretexto para adorarlo.

Conclusión

Verdades que debemos recordar de esta exposición: (1) El visionario sabe lo que Dios dice y ordena. (2) El visionario camina con personas que compartan su visión. (3) El visionario es por naturaleza un verdadero adorador de Dios.

8

EL EJEMPLO DEL VISIONARIO

«Y repartiendo los trescientos hombres en tres escuadrones, dio a todos ellos trompetas en sus manos, y cántaros vacíos con teas ardiendo dentro de los cántaros. Y les dijo: Miradme a mí, y haced como hago yo; he aquí que cuando yo llegue al extremo del campamento, haréis vosotros como hago yo. Yo tocaré la trompeta. y todos los que estarán conmigo; y vosotros tocaréis entonces las trompetas alrededor de todo el campamento, y diréis: Por Jehová y por Gedeón» (Jueces 7:16–18).

Introducción

Hoy día escasean los líderes que sean ejemplo de lo que dicen y hacen. Gedeón fue un visionario ejemplar. No era de los líderes que dicen: «No hagan como yo hago». Era de los líderes que dicen: «Hagan como yo hago».

I. El visionario es organizado

«Y repartiendo los trescientos hombres en tres escuadrones, dio a todos ellos trompetas en sus manos, y cántaros vacíos con teas ardiendo dentro de los cántaros» (7:16).

El visionario reconoce que la organización es importante en la realización de los proyectos. El pueblo se tiene que organizar para poder lograr la visión. Las improvisaciones paralizan la visión.

Gedeón los dividió en tres escuadrones de cien hombres cada uno, le dio a cada uno trompetas y cántaros vacíos con teas ardiendo dentro (7:16).

El visionario sabe organizar los grupos, los sabe pertrechar y les da instrucciones. Nadie cuestionó a Gedeón por lo que parecia una ridiculez militar. El visionario muchas veces presenta programas que no tienen sentido, hace cambios que parecen ilógicos. pero hay que adoptarlos. Por eso es un visionario.

II. El visionario es un ejemplo

«Y les dijo: Miradme a mí, y haced como hago yo; he aquí que cuando yo llegue al extremo del campamento. haréis vosotros como yo» (7:17).

Cuando el visionario está seguro que su visión es de Dios, es el primero en apoyarla, en entregarse a la misma, en arremangarse las mangas y ponerse a trabajar para hacerla realidad.

El líder visionario debe entusiasmar a otros demostrando que cree en su visión. Su espíritu visionario contagiará a otros para que lo imiten y lo sigan.

Alguien dijo: «En el mundo hay tres grupos de personas: los movibles, los inamovibles y los que los mueven». ¿En cuál de los tres grupos estamos usted y yo? ¿Somos de los que nos movemos? ¿Somos de los que no nos movemos? ¿Somos de los que movemos?

Hay multitudes que están buscando a un líder que los mueva. El mundo necesita de líderes visionarios, de hombres y mujeres que sean motores de arranque para los demás. Sea usted uno de esos líderes.

III. El visionario es imitado

«Yo tocaré la trompeta, y todos los que estarán conmigo; y vosotros tocaréis entonces las trompetas alrededor de todo el campamento, y diréis: Por Jehová y por Gedeón» (7:18).

Nadie podía tocar la trompeta ("shofar" o cuerno de carnero), fuera de tiempo. Gedeón tenía que tocar primero, luego los que estaban con él y, finalmente, todos los soldados. Muchos fracasos se deben a que hay seguidores que se adelantan a las instrucciones del líder. No saben esperar el tiempo de Dios. No saben esperar su turno. Gedeón los instruyó para que gritaran: «Por Jehová y por Gedeón». En 7:20 leemos que gritaron: «Por la espada de Jehová y Gedeón».

Ese era un grito de guerra espiritual. Según escuché de un guía en Israel, en el juramento militar que se hace a los reclutas judíos en la fortaleza de Masada, se les pide que repitan: «Por la espada de Jehová y de Gedeón».

Es importante que los visionarios enseñen a su gente a identificar su grito de guerra espiritual. Se le debe enseñar al pueblo a repetir "slogans" o pensamientos motivacionales.

Conclusión

Resumimos esta lección en los siguientes puntos: (1) La organización ayuda al logro de la visión. (2) El ejemplo del visionario inspira a otros a actuar. (3) Esperar el turno es importante en el desarrollo de la visión.

9

LA FE DEL VISIONARIO

«Llegaron, pues, Gedeón y los cien hombres que llevaba consigo, al extremo del campamento, al principio de la guardia de la medianoche, cuando acababan de renovar los centinelas; y tocaron las trompetas, y quebraron los cántaros que llevaban en sus manos. Y los tres escuadrones tocaron las trompetas, y quebrando los cántaros tomaron en la mano izquierda las teas, y en la derecha las trompetas con que tocaban, y gritaron: ¡Por la espada de Jehová y de Gedeón! Y se estuvieron firmes cada uno en su puesto en derredor del campamento; entonces todo el ejército echó a correr dando gritos y huyendo» (Jueces 7:19–21).

Introducción

La fe del líder visionario es la que lo lleva a ver cómo su visión se transforma en realidad. La fe no se puede divorciar de la visión. Sin fe la visión es un simple sueño humano, pero con fe la visión se actualiza, se mueve, se desarrolla, se ejecuta. Gedeón tenía fe en Dios y en la visión que recibió de Él.

I. El tiempo de la fe

«Llegaron, pues, Gedeón y los cien hombres que llevaba consigo, al extremo del campamento, al principio de la guardia de la medianoche, cuando acaban de renovar los centinelas; y tocaron las trompetas, y quebraron los cántaros que llevaban en sus manos» (7:19).

Gedeón buscó el momento oportuno para sorprender a los enemigos. A la medianoche se hacía el cambio de centinelas y las tropas se echaban a dormir.

Un líder visionario sabe aprovechar las oportunidades que Dios le da. No permite que las oportunidades pasen sin hacer lo que debe hacer. El éxito o el fracaso en la vida depende de cómo prestamos atención a las oportunidades que se nos presentan.

La fe se mueve bajo un cronómetro de tiempo. El líder visionario actúa con fe ante las oportunidades que se le presentan.

A todos los seres humanos, el Creador nos ha regalado la misma cantidad de tiempo. Unos han sabido utilizar bien su tiempo, y otros han dejado que el tiempo los utilice. En Efesios 5:16 dice el Espíritu Santo: «Aprovechando bien el tiempo, porque los días son malos». Yo lo parafrasearía así: «No permitan que las oportunidades pasen. será difícil volverlas a tener».

II. El grito de la fe

«Y los tres escuadrones tocaron las trompetas, y quebrando los cántaros tomaron en la mano izquierda las teas, y gritaron: Por la espada de Jehová y de Gedeón» (7:20).

El toque de trescientas trompetas, el quebrar los cántaros, con trescientas teas encendidas, y todo ello desde escuadrones que ocupaban posiciones diferentes, confundió y llenó de pánico a los madianitas. Este toque de trompetas nos habla de una vida de alabanza delante de Dios. En el Salmo 95:2 leemos: «Lleguemos ante su presencia con alabanza; aclamémosle con cántico», y en el Salmo 100:4: «Entrad por sus puertas con acción de gracias, por sus atrios con alabanza; alabadle, bendecid su nombre».

Esa ruptura de cántaros me habla de una vida quebrantada delante de Dios. Dios desea nuestro quebrantamiento personal. En el Salmo 51:17 leemos: «Los sacrificios de Dios son el espíritu quebrantado; al corazón contrito y humillado no despreciarás tú, oh Dios».

Esas teas encendidas me hablan de creyentes ungidos con el Espíritu Santo. Encendidos por el fuego de Dios. Hombres y mujeres llenos del Espíritu Santo, con vidas que arden para Dios, son las que Él quiere utilizar para manifestar su poder en medio de los enemigos. Dios es un Dios de fuego, y con el fuego se identifican aquellos que son de Él.

Su grito de fe era: «Por la espada de Jehová y de Gedeón». Todo soldado israelita sabía que lo que estaba haciendo era para Dios, por intermedio de su siervo y líder llamado Gedeón.

Ayudar a un visionario a lograr la victoria, es ayudar al Dios de ese visionario. Muchos hombres y mujeres de Dios, ungidos y visionarios, hubieran logrado más para Dios en su tiempo, si quienes estaban cerca de ellos se hubieran movido en la dirección de su visión, creyéndola y respaldándola.

La fe siempre clama en armonía, clama en unidad y clama a la misma vez. Para creer a los visionarios se necesita la fe colectiva de aquellos a quienes éstos han sido llamados a servirlos.

III. La postura de la fe

«Y se estuvieron firmes cada uno en su puesto en derredor del campamento; entonces todo el ejército echó a correr dando gritos y huyendo» (7:21).

Esta visión de Gedeón se logra porque cada uno de los que la apoyaron como lider se mantuvieron en sus puestos. Salirse del puesto donde el líder visionario le ha pedido a uno mantenerse, puede debilitar la fuerza de los que apoyan la visión.

Muchas veces el líder visionario hace cambios que no son del agrado de aquellos que son objeto del cambio. Hay personas que han estado demasiado tiempo en un puesto, pero no aportan ningún progreso a la visión. Otros están en el puesto, pero se descuidan, con lo que afectan la visión. El líder visionario tiene que hacer cambios. Mientras algunos piensan en su propia posición, el líder piensa en la visión. El enemigo «echó a correr dando gritos y huyendo». Cuando nos mantenemos en el puesto que nos ha ordenado el líder visionari, el diablo tendrá que echar a correr como gallinazo confundido.

La fe es firme, no cambia, no varía, permanece anclada en la Palabra de Dios. Y esa fe es la que ayuda a que la visión se realice. Para creer la visión se necesita fe, para ejecutar la visión se requiere fe y con la fe se logra actualizar la visión. El secreto de los visionarios y de quienes apoyan la visión es la fe. En los versículos 22 al 24 vemos a Israel persiguiendo a los madianitas.

En el Salmo 91:7 leemos: «Caerán a tu lado mil, y diez mil a tu diestra; mas a ti no llegará». En el Salmo 27:3 leemos: «Aunque un ejército acampe contra mí, no temerá mi corazón ; aunque contra mi se levante guerra, yo estaré confiado».

En Levítico 26:8 leemos: «Cinco de vosotros perseguirán a ciento, y ciento de vosotros perseguirán a diez mil, y vuestros enemigos caerán a filo de espada delante de vosotros».

A esto se le puede añadir que doscientos creyentes ahuyentarán a veinte mil demonios; que trescientos creyentes ahuyentarán a treinta mil demonios. Y diez mil creyentes harán huir a un millón de demonios. A los dos príncipes madianitas Oreb («cuervo») y Zeeb («lobo»), los mataron y sus cabezas se las entregaron a Gedeón (7:25). El «cuervo» de las dudas y el «lobo» del miedo son vencidos con la fuerza extraordinaria de la fe. Las dudas y el miedo tienen que huir cuando los visionarios se mueven a la ofensiva.

Conclusión

Recalquemos estos principios: (1) La fe sabe manejar el tiempo de Dios. (2) La fe que se confiesa confunde a los enemigos. (3) La fe sabe anclarse en la Palabra de Dios.

10

LA DIPLOMACIA DEL VISIONARIO

«Pero los hombres de Efraín le dijeron: ¿Qué es esto que has hecho con nosotros, no llamándonos cuando ibas a la guerra contra Madián? Y le reconvinieron fuertemente. A los cuáles él respondió: ¿Qué he hecho yo ahora comparado con vosotros? ¿No es el rebusco de Efraín mejor que la vendímia de Abiezer? Dios ha entregado en vuestras manos a Oreb y Zeeb, principes de Madián: ¿y qué he podido yo hacer comparado con vosotros? Entonces el enojo de ellos contra él se aplacó, luego que él habló esta palabra» (Jueces 8:1–3).

Introducción

La diplomacia siempre tiene que ver con los intereses y relaciones, con la cortesía y con las relaciones públicas entre partes que puedan estar en desacuerdo.

El líder visionario tiene que ser un diplomático. Tiene que desempeñarse bien en su trato con los demás, en especial cuando esas personas discrepan de su liderazgo o algunas acciones suyas. Ser líder diplomático toma años de experiencia y trato con las personas.

I. La diplomacia responde al espíritu de celos.

«Pero los hombres de Efraín le dijeron: ¿Qué es esto que has hecho con nosotros, no llamándonos cuando ibas a la guerra contra Madián? Y le reconvinieron fuertemente» (8:1).

La victoria del visionario Gedeón se vio confrontada debido al espíritu de celos que manifestaron los líderes de Efraín. El espíritu de celos que se manifiesta en quienes rodean al líder, puede salir a relucir en cualquier momento. Notemos que no eran celos personales, sino ministeriales.

Al líder visionario este espíritu de celos no lo toma por sorpresa. Siempre está a la expectativa de que pueda manifestarse. Los celos los pueden manifestar quienes no creyeron en la visión y, al verla cumplida, cuestionan a los participantes por no haberlos invitado a formar parte de la misma.

Una vez que Gedeón hizo realidad su visión, quienes la creyeron y no la apoyaron, lo acusan injustamente de no tomarlos en cuenta.

La visión del líder se acepta y apoya de manera voluntaria. No nos tiene que invitar; nosotros nos invitamos a participar de la misma. Queremos ser sus colaboradores.

Es triste no creer en la visión del líder, para luego verla realizada y descubrir que nos beneficiamos de la misma, aunque habíamos estado al margen de ella.

II. La diplomacia exige humildad

«A los cuales él respondió: ¿Qué he hecho yo ahora comparado con vosotros? ¿No es el rebusco de Efraín mejor que vendimia de Abiezer?» (8:2).

Gedeón pudo responder con un espíritu fuerte, golpe con golpe, entrar en el juego del pulseo; por el contrario, asume un espíritu humilde. Responde con mucha tranquilidad y en forma pacífica. Para discutir se necesitan los que inician la disputa y los que responden a la misma. Gedeón sabía poner freno a las discusiones.

Parafraseando la respuesta de Gedeón se podría decir: «Lo que yo hice no se puede comparar con lo que ustedes hicieron. Lo poco de ustedes es mayor que lo mucho de nosotros».

El líder visionario, aunque reconoce su participación especial y logros en su visión, incorpora a otros y les da crédito por los triunfos. Lo más importante es que se logre la visión, y no recibir reconocimiento.

III. La diplomacia incorpora a otros

«Dios ha entregado en vuestras manos a Oreb y a Zeeb, príncipes de Madián, ¿y qué he podido yo hacer comparado con vosotros?

Entonces el enojo de ellos contra él se aplacó luego que él habló esta palabra» (8:3).

Habían sido los hombres de Efraín los que tomaron los vados de Betabara y del Jordán (7:24); apresando a los príncipes madianitas Oreb («cuervo») y Zeeb («lobo») (7:25).

El líder que es diplomático nunca se atribuye el crédito de la acción que corresponde a otros. Los sabe reconocer y hace pública su participación y apoyo.

Gedeón con una pregunta muy sabia desarmó a sus oponentes. En vez de hablar mucho, preguntemos. Esta fue su pregunta: «¿Y qué he podido yo hacer comparado con vosotros?» O sea: «No me puedo comparar a ustedes. Ustedes han sido mejores que yo».

Al decirles estas palabras, se aplacó en ellos ese espíritu de enojo colectivo. En Proverbios 15:1 leemos: «La blanda respuesta quita la ira, mas la palabra áspera hace subir el furor».

El líder tiene que saber cómo habla a los demás. Una palabra bien dicha apacigua, mal dicha enoja. Las palabras deben medirse y utilizarse con mucha cautela cuando se está en posiciones de liderazgo.

Conclusión

Principios que debemos recordar: (1) Una vez realizada la visión, habrá quienes sentirán celos del visionario. (2) El líder visionario no busca exaltarse a sí mismo, sino que exalta a otros. (3) La participación de otros en la realización de la visión se debe hacer pública.

11

LA AUTORIDAD DEL VISIONARIO

«Y vino Gedeón al Jordán, y pasó él y los trescientos hombres que traía consigo, cansados, mas todavía persiguiendo. Y dijo a los de Sucot: Yo os ruego que deis a la gente que me sigue bocados de pan; porque están cansados, y yo persigo a Zeba y Zalmuna, reyes de Madián. Y los principales de Sucot respondieron: ¿Están ya Zeba y Zalmuna en tu mano, para que demos pan a tu ejército? Y Gedeón dijo: Cuando Jehová haya entregado en mi mano a Zeba y a Zalmuna, yo trillaré vuestra carne con espinos y abrojos del desierto. De allí subió a Peniel, y les dijo las mismas palabras. Y los de Peniel le respondieron como habían respondido los de Sucot. Y él habló también a los de Peniel, diciendo: Cuando yo vuelva en paz, derribaré esta torre» (Jueces 8:4–9).

Introducción

La autoridad espiritual deriva no de la posición eclesiástica, sino del Dios que ha llamado y ha comisionado para esa posición. Respetar y obedecer a la autoridad espiritual es respetar a Dios. Rebelarse contra la autoridad espiritual es rebelarse contra Dios.

I. El rechazo de la autoridad espiritual

«De allí subió a Peniel, y les dijo las mismas palabras. Y los de Peniel le respondieron como habían respondido los de Sucot» (8:8).

Todavía Gedeón necesitaba derrotar a dos reyes madianitas más. Sus nombres eran Zeba y Zalmuna (8:12). Estos tenían un ejército de quince mil hombres al otro lado del Jordán (8:10).

Con sus trescientos valientes Gedeón quería terminar lo que comenzó. Cuando se comienza a desarrollar la visión, el líder visionario no se detiene. Con esta élite espiritual cruzó el Jordán, pero sus hombres estaban cansados y con hambre (8:4). Pero aun así perseguian al enemigo (8:4). El visionario coloca las prioridades espirituales por encima de sus necesidades personales.

Por otro lado, el líder visionario debe reconocer cuándo sus ayudantes necesitan descanso y recuperación. El visionario no puede mover a su gente a su ritmo; necesita disminuir el ritmo para que éstos lo alcancen.

En su curso Gedeón llegó al pueblo de Sucot (8:5), y les pidió pan, pero estos se lo negaron diciendo: «¿Están ya Zeba y Zalmuna en tu mano, para que demos pan a tu ejército?» (8:6).

Gedeón les respondió: «Cuando Jehová haya entregado en mi mano a Zeba y a Zalmuna, yo trillaré vuestra carne con espinos y abrojos del desierto» (8:7).

Luego Gedeón fue al pueblo de Peniel y le respondieron igual (8:8). A ellos les dijo: «Cuando yo vuelva en paz, derribaré esta torre» (8:9).

Esto demuestra que a pesar de los éxitos del visionario, habrá quienes desafiarán su autoridad espiritual, y dudarán del favor de Dios en su vida.

II. La manifestación de la autoridad espiritual.

«Y entrando a los hombres de Sucot, dijo: He aquí Zeba y a Zalmu na, acerca de los cuales me zaheristeis, diciendo: ¿Están ya en tus manos Zeba y Zalmuna, para que demos nosotros pan a tus hombres cansados?» (8:15).

Según 8:10, Zeba y Zalmuna estaban en Carcor con quince mil soldados, y ya habían caído ciento veinte mil enemigos del oriente. Esto demuestra que las cifras del mundo no se comparan con las cifras de Dios. Los demonios nos pueden aventajar en números, pero no en la fuerza de Dios.

Gedeón subió contra ellos y atacó «porque el ejército no estaba en guardia» (8:11). Al huir los reyes madianitas Zeba y Zalmuna, el ejército madianita se espantó (8:12), y Gedeón los apresó.

Luego Gedeón tomó a un joven de Sucot, quien le dio una lista con setenta y siete nombres de los príncipales y ancianos (8:14). Y al llegar a Sucot, les repitió sus palabras de rechazo a su autoridad (8:15). Y con espinos y abrojos los castigó (8:16). Luego fue a Peniel, les destruyó la torre y mató a sus principales (8:17).

El líder visionario debe ejercer su autoridad espiritual y no demostrar flaquezas en sus palabras. Debe mantenerse firme en sus palabras y cumplirlas.

III. La demostración de la autoridad espiritual.

«Entonces dijeron Zeba y Zalmuna: Levántate tú, y mátanos; porque como es el varón, tal es su valentía. Y Gedeón se levantó, y mató a Zeba y a Zalmuna; y tomó los adornos de lunetas que sus camellos traían al cuello» (8:21).

Gedeón sabía que se había cometido un genocidio en el monte Tabor. Por eso les preguntó: «¿Qué aspecto tenían aquellos hombres que matasteis en Tabor?» (8:18). Su respuesta fue: «Como tú, así eran ellos; cada uno parecía hijo de rey» (8:18).

Gedeón reconoció que eran sus hermanos maternos (8:19). A lo que responde: «Vive Jehová, que si les hubiérais conservado la vida, yo no os mataría». Al no haber ellos tenido misericordia de sus medio hermanos, él ya no tenía por qué tener misericordia para con ellos.

El corazón del líder debe ser misericordioso, a no ser que la justicia requiera alguna acción inmediata de su parte. Al corregir a otros, el líder debe tomar en cuenta sus acciones.

Gedeón le pidió a Jeter su primogénito que los matara, pero el muchacho no pudo hacerlo a causa del temor (8:20).

Muchas personas jóvenes todavía no están listas para cumplir con ciertas responsabilidades que el líder les pueda delegar. Hay decisiones difíciles y dolorosas que el líder no puede delegar en personas inmaduras. Las tiene que que resolve solo.

Zeba y Zalmuna querían morir con honor de mano de su vencedor, y no de mano de un joven a quien ni siquiera se le había caído el cordón umbilical en el ministerio. Estos dijeron a Gedeón: "Levántate tú, y mátanos; porque como es el varón, tal es su valentía" (8:21).

Hay decisiones y acciones que sólo el líder las puede cumplir. Lo que le corresponde al líder, lo debe realizar. Nadie más debe hacer lo que se espera que el líder haga.

Conclusión

Principios importantes: (1) La autoridad espiritual del líder puede ser puesta a prueba. (2) El líder en autoridad espiritual debe cumplir sus palabras. (3) El líder espiritual hace lo que le corresponde.

12

LA MOTIVACIÓN DEL VISIONARIO

«Y los israelitas dijeron a Gedeón: Sé nuestro señor tú y tu hijo, y tu nieto; pues que nos has librado de mano de Madián. Mas Gedeón respondió: No seré señor sobre vosotros, ni mi hijo os señoreará: Jehová señoreará sobre vosotros» (Jueces 8:22–23).

Introducción

Para el visionario Dios es más importante que el prestigio y la fama de la posición que ocupa. Hacer un trabajo para Dios tiene más importancia que detentar un título ante los hombres. Gedeón no estaba interesado en coleccionar títulos, sino en agradar a Dios con su ministerio.

I. La tentación de ser grande

«Y los israelitas dijeron a Gedeón: Sé nuestro señor, tú y tu nieto; pues que nos has librado de mano de Madián» (8:22).

En una convocatoria de las tribus se presentó una resolución para que Gedeón fuera investido como rey tribal, y con derechos dinásticos garantizados.

Dios no actúa por medio de dinastías familiares. Nadie nace con el ministerio, porque no es hereditario. Dios llama al padre, pero si los escoge, tiene que llamar al hijo y al nieto. Cada generación responderá en forma individual a Dios y será responsable por su ministerio.

Los líderes visionarios deben cuidarse de la tentación de que los conviertan en «reyes» y «señores». La fama puede sentar a muchos en tronos. Otros se vuelven «vampiros» de títulos. Gedeón no estaba interesado en «aureolas» humanas, en castillos de prestigios personales, en torres de fama, en carrozas de reconocimientos o en desfiles de aplausos.

Las alturas son buenas, pero marean al que no sabe estar en ellas. No debemos creernos todo lo bueno que la gente dice de nosotros. Suelen exagerar acerca de nosotros.

II. El deber de hacer grande a Dios

«Mas Gedeón respondió: No seré señor sobre vosotros, ni mi hijo os señoreará: Jehová señoreará sobre vosotros» (8:23).

Con toda modestia, diplomacia y espiritualidad, Gedeón declina su nominación. Su respuesta fue: «No seré señor sobre vosotros, ni mi hijo os señoreará...». El no estaba interesado en puestos familiares, ni personales. Sus motivaciones eran puras, correctas y a tono con la voluntad de Dios. Estaba muy interesado en agradar y engrandecer a Dios, más que en engrandecerse.

Desde luego, uno de sus hijos, de nombre Abimelec, no era de la materia prima espiritual de Gedeón, y después de la muerte de éste, manifestó aspiraciones a ser rey. Leemos: «Abimelec hijo de Jerobaal fue a Siquem, a los hermanos de su madre, y habló con ellos, y con toda la familia de la casa del padre de su madre, diciendo: Yo os ruego que digáis en oídos de todos los de Siquem: ¿Qué os parece mejor, que os gobiernen setenta hombres, todos los hijos de Jerobaal, o que os gobierne un solo hombre? Acordaos que yo soy hueso vuestro, y carne vuestra» (9:1–2).

Gedeón era un líder que conocía la fuerza motivacional de los «eslogans». Su primer «eslogan» fue: «Por Jehová y por Gedeón». Era un pensamiento que motivaba a la acción de fe. Su segundo «eslogan» era: «Jehová señoreará sobre vosotros» (8:23). Es un pensamiento que motiva a reconocer el señorío de Dios. ¡Jesucristo es el Señor de la Iglesia! ¡Jesucristo es el Señor de nuestra ciudad! ¡Jesucristo es el Señor de nuestra nación!

Conclusión

En resumen, afirmamos: (1) La tentación de querer ser grandes o de que nos hagan grandes, es un peligro para aquellos que estamos en puestos de influencia. (2) El deber de todo líder es siempre hacer más grande a Dios. Tenemos que ser lentes de aumento para Dios. El es grande y todos los demás somos pequeños.

13

EL ERROR DEL VISIONARIO

«Y les dijo Gedeón: Quiero haceros una petición; que cada uno me dé los zarcillos de su botín (pues traían zarcillos de oro, porque eran ismaelitas). Ellos respondieron: De buena gana te los daremos. Y tendiendo un manto, echó allí cada uno los zarcillos de su botín. Y fue el peso de los zarcillos de oro que él pidió, mil setecientos siclos de oro, sin las planchas y joyeles y vestidos de púrpura que traían los reyes de Madián, y sin los collares que traían sus camellos al cuello. Y Gedeón hizo de ellos un efod, el cual hizo guardar en su ciudad de Ofra: y todo Israel se prostituyó tras de ese efod en aquel lugar; y fue tropezadero a Gedeón y a su casa» (Jueces 8:24–27).

Introducción

Los líderes muchas veces con la mejor de las intenciones cometen errores, los cuales hacen daño a un pueblo que los admira y los aprecia. El efod de oro que hizo confeccionar Gedeón, quizá como réplica del que utilizaba el sumo sacerdote, como recordatorio religioso, fue causa de idolatría para Israel y tropezadero para su familia (8:27).

I. Una petición fuera de la voluntad de Dios

«Y les dijo Gedeón: Quiero haceros una petición; que cada uno dé los zarcillos de su botín (pues traían zarcillos de oro, porque eran ismaelitas)» (8:24).

Ya en tiempo de Gedeón los madianitas eran clasificados como "ismaelitas" o árabes. En 8:21 leemos: «... y tomó los adornos de lunetas que sus camellos traian al cuello». Esos «adornos de lunetas» eran medias lunas que se utilizaban como símbolo del culto a la luna, y hasta el día de hoy es símbolo de la religión del Islam que fundó Mahoma.

En este pasaje se identiñcan los «zarcillos de oro» con los «ismaelitas». Estos detalles culturales siempre son importantes para los lectores de la Biblia.

La petición de Gedeón era carnal. No la consultó con Dios. Nació de su capricho personal. Un líder visionario debe cuidarse de no tomar decisiones que no tengan la aprobación de Dios. Muchas cosas al líder le parecen bien, pero a Dios no le agradan.

II. Una ofrenda que Dios no pidió

«Ellos respondieron: De buena gana te lo daremos. Y tendiendo un manto, echó allí cada uno de los zarcillos de su botín» (8:25).

Según 8:26, el peso de los zarcillos de oro fue de diecinueve kilos de oro, y a esto había que sumarle planchas, joyeles, vestidos de púrpura y collares de camellos.

Esta ofrenda no tenía un propósito espiritual. No fue dada para satisfacer una necesidad de Dios. El pueblo debe saber cuándo y por qué ofrenda.

Ofrendar en ese momento no era sembrar en buen terreno. Muchos terrenos donde se invita al creyente para que siembre una semilla con su ofrenda, son terrenos malos donde la semilla no va a germinar.

El creyente debe orar a Dios para que le revele en qué terreno, que sea fértil, puede sembrar su semilla. No todos los ministerios son tierra fértil, aunque parezca que está trillada y abandonada.

III. Un efod de oro que alejó de Dios

«Y Gedeón hizo de ellos un efod, el cual hizo guardar en su ciudad de Ofra, y todo Israel se prostituyó tras de ese efod en aquel lugar; y fue tropezadero a Gedeón y a su casa» (8:27).

Notemos esa expresión, «y todo Israel se prostituyó tras de ese efod en aquel lugar». En Israel el pecado de un individuo, una familia, un pueblo o una tribu, muchas veces lo veía Dios como pecado de toda la nación. Dios veía a Israel como un «todo», un cuerpo y no como una entidad separada. La Iglesia es un cuerpo y para Dios es una entidad completa.

El pecado de un individuo, o de una familia, en una iglesia local, puede repercutir sobre todo el cuerpo o congregación. La comunidad de fe, la congregación podría pagar las consecuencias por el pecado personal de algún miembro.

Con su capricho Gedeón le hizo daño espiritual al pueblo. Muchas cosas que para el líder pueden ser insignificantes, pueden alejar al pueblo de la verdadera adoración a Dios.

En el culto verdadero a Dios hay que levantarles barreras a las prácticas extrañas. Hay que velar para que no se introduzca ningún «efod de oro».

Conclusión

Verdades para recordar: (1) El líder nunca se debe olvidar de consultar a Dios, aun en aquellas cosas que parecen sencillas. (2) El pueblo debe cuestionar las motivaciones del que solicita una ofrenda. (3) El pueblo debe cuidarse de aquellas cosas que puedan alejarle de Dios.

14

EL FINAL DEL VISIONARIO

«Y murió Gedeón hijo de Joás en buena vejez, y fue sepultado en el sepulcro de su padre Joás, en Ofra de los abiezeritas. Pero aconteció que cuando murió Gedeón, los hijos de Israel volvieron a prostituirse yendo tras los baa!es, y escogieron por dios a Baal-berit. Y no se acordaron los hijos de Israel de Jehová su Dios, que los había librado de todos sus enemigos en derredor; ni se mostraron agradecidos con la casa de Jerobaal, el cual es Gedeón, conforme a todo el bien que él había hecho a Israel» (Jueces 8:32–35).

Introducción

Tarde o temprano el líder visionario ya no estará presente. ¿Qué pasará con su visión? ¿Morirá con él o se irá con él? ¿Será pronto olvidada? ¿Se olvidarán de él y de su familia? ¿Se olvidarán del Dios de la visión?

I. El retiro del visionario

«Luego Je robaal hijo de Joas fue y habitó en su casa» (8:29).

Gedeón regresó a Ofra, lugar de residencia de Joás, su padre, y demás miembros de su familia. Muchos visionarios tendrán que retirarse una vez cumplida su misión. El retiro de un visionario puede ayudar o estorbar a la organización.

Antes de un visionario irse al exilio del retiro, debe preparar al pueblo y, de serle posible, presentara su sucesor. Ser puente de transición hacia la siguiente generación, es responsabilidad del líder. Si a uno se le hizo difícil, hay que hacer las cosas fáciles para otros.

El visionario retirado debe continuar enseñando sobre la visión, y preparando a otros para que la adopten. El visionario debe engendrar visionarios, hijos en la fe, o por nacimiento ministerial o por adopción ministerial, que lleven adelante su visión.

II. El fallo del visionario

«También su concubina que estaba en Siquem le dio un hijo, y le puso por nombre Abimelec» (8:31).

En una sociedad poligama, no es de extrañar que Gedeón tuviera setenta hijos de muchas mujeres (8:30). En un sentido espiritual el visionario debe ser fructífero y multiplicarse en otros. Debe engendrar muchas ideas y proyectos. Los líderes visionarios dejan tras de sí a una generación de visionarios.

El fallo de Gedeón fue el hijo tenido con su concubina. Su nombre fue Abimelec, que significa: «mi Padre es rey». Y puede ser una referencia a Dios como Rey de Israel.

Abimelec fue todo lo contrario a su padre Gedeón. Fue un líder egocéntrico (9:2); a quien seguían «hombres ociosos y vagabundos» (9:4); sin amor fraternal, ya que dio muerte a setenta de sus hermanos (9:5); y solo escapó con vida el menor, llamado Jotam (9:5).

Jotam, luego, sobre el monte Gerizim expresó la parábola de los árboles; donde los árboles buscaban rey. El olivo, la higuera y la vid no quisieron reinar sobre ellos. Pero la zarza si aceptó ser rey. Esa zarza era Abimelec. Jotam también les profetizó del futuro de Abimelec y de los hombres de Siquem (9:16–21). Los versículos 22 al 57 presentan la caída de Abimelec.

El visionario tiene que cuidarse de no unir su visión espiritual con las obras de la carne. De esa unión le nacerá Abimelec, que representa el espíritu de orgullo, de rebelión y de muerte de la visión.

III. La muerte del visionario

«Y murió Gedeón hijo de Joás en buena vejez, fue sepultado en el sepulcro de su padre Joás, en Ofra de los abiezeritas» (8:32).

Los visionarios mueren «en buena vejez». Aunque con fallas,

llegan bien a «viejos». Lo importante del ministerio es terminar «bien». La visión debe permanecer en el visionario hasta la vejez. En él debe madurar, debe crecer, debe tomar fuerza. Tristemente, con la muerte de Gedeón murió también su visión. Leemos: «Pero aconteció que cuando murió Gedeón, los hijos de Israel volvieron a prostituirse yendo tras los baales, y escogieron por dios a Baal-berit. Y no se acordaron los hijos de Israel de Jehová su Dios, que los había librado de todos sus enemigos en derredor; ni se mostraron agradecidos con la casa de Jerobaal, el cual es Gedeón, conforme a todo el bien que él había hecho a Israel» (9:33–35).

Aquellos que habían compartido la visión de Dios en Gedeón, se olvidaron del Dios de Gedeón, y fueron malagradecidos con la familia de Gedeón. Muy pronto se les olvidó «todo el bien que él había hecho a Israel».

Algo parecido leemos en Exodo 1:8 en relación al pueblo de Israel: «Entretanto, se levantó sobre Egipto un nuevo rey que no conocía a José . . .».

La historia posterior debe honrar siempre la participación que los visionarios tuvieron en la misma. Olvidarlos a ellos es traicionar nuestra historia.

Conclusión

Principios importantes: (1) Con el retiro no termina la visión de un líder. (2) El visionario no puede caer en concubinato espiritual con la carne; esto producirá obras de la carne. (3) La visión debe sobrevivir al visionario.

15

EL DESCENDIENTE DEL VISIONARIO

«Fueron una vez los árboles a elegir rey sobre sí, y dijeron al olivo: Reina sobre nosotros. Mas el olivo respondió: ¿He de dejar mi aceite, con el cual en mí se honra a Dios y a los hombres, para ir a ser grande sobre los árboles?

Y dijeron los árboles a la higuera: Anda tú, reina sobre nosotros. Y respondió la higuera: ¿He de de dejar mi dulzura y mi buen fruto, para ir a ser grande sobre los árboles?

Dijeron luego los árboles a la vid: Pues ven tú, reina sobre nosotros. Y la vid les respondió: ¿He de dejar mi mosto, que alegra a Dios y a los hombres, para ir a ser grande sobre los árboles?

Dijeron entonces todos los árboles a la zarza: Anda tú, reina sobre nosotros. Y la zarza respondió a los árboles: Si en verdad me elegís por rey sobre vosotros, venid, abrigaos bajo mi sombra; y si no, salga fuego de la zarza y devore a los cedros del Líbano» (Jueces 9:8–15).

Introducción

Abimelec, el hijo que Gedeón tuvo con una concubina, dio muerte a setenta de sus hermanos (Jueces 9:5). Pero el hijo menor de Gedeón, Jotam, se escondió y logró escapar de la mano fratricida de Abimelec (9:5).

En Siquem, cerca del pilar, los de Siquem y los de Milo, eligieron a Abimelec como su rey (9:6). Este se las había ingeniado para hacerse reconocer como tal (9:1–3). Con dinero donado del templo de

Baal-berit, éste se hizo de una congregación de «hombres ociosos y vagabundos, que le siguieron» (9:4).

Jotam subió al monte Gerízin, y desde allí en alta voz se pronunció contra la elección de Abimelec (9:7). Tomando a los árboles como parábola, señaló la incapacidad de Abimelec y el juicio que por causa de éste recaería sobre aquellos que lo apoyaron. El futuro de ellos y el futuro de Abimelec está profetizado en Jueces 9:16–21. En los versículos 22 al 57 encontramos el cumplimiento de su profecía.

Abimelec representa a todos aquellos que quieren ser líderes conforme a la carne y no conforme al Espíritu; que quieren puestos sin ser llamados; que no tienen nada que ofrecer pero se creen ser algo.

Para Dios es más importante lo que somos que lo que hacemos. Demasiada actividad no es señal de espiritualidad. Dios está interesado más en nuestra comunión con El que en nuestra participación a favor de El. Es peligroso creernos ser algo, cuando ante Dios no somos nada. Dios busca líderes que sean realistas y no que vivan de las fantasías ministeriales.

I. El olivo fue invitado a ser rey de los árboles

«Fueron una vez los árboles a elegir rey sobre sí, y dijeron al olivo: Reina sobre nosotros» (9:8).

El olivo fue y es un árbol de gran valor natural en Palestina. Para Dios es un árbol importante. Crece dondequiera, como en lugares rocosos y áridos, y resiste cualquier inclemencia del tiempo. Su retoño es casi milagroso, porque aunque se queme, vuelve a crecer.

Aun la destrucción del diluvio, respetó al olivo. Leemos: «Esperó aún otros siete días, y volvió a enviar la paloma fuera del arca. Y la paloma volvió a él a la hora de la tarde; y he aquí que traía una hoja de olivo en el pico; y entendió Noé que las aguas se habían retirado de sobre la tierra» (Génesis 8:11).

Desde ese entonces ese emblema poétio se ha considerado un símbolo de paz, de armonía, de buenas relaciones y de traía humano.

El salmista David en el Salmo 52:8 declaró: «Pero yo estoy como olivo verde en la casa de Dios; en la misericordia de Dios confío eternamente y para siempre». Parece ser que en el traspatio del templo había un jardín de olivos; y el salmista delante de la presencia de Dios se veía como un olivo verde, con vida y con fuerzas.

En Oseas 14:6 leemos: «Se extenderán sus ramas, y será su gloria como la del olivo, y perfumará como el Líbano». El olivo puede crecer hasta seis metros y sus ramas secas puede retoñar. Además, es un árbol de un olor muy fragante.

Jesús pasó su última noche en oración en el jardín de Getsemaní, en el monte de los Olivos (Lucas 22:39; cf. Mateo 26:36). Allí, junto a unos antiguos olivos que todavía existen, oró al Padre y con ellos como testigos fue apresado (Mateo 26:47–56). Y desde el monte de los Olivos ascendió al cielo (Lucas 24:50–51); y allí regresará en su segunda venida (Zacarías 14:4).

A los dos testigos apocalipticos se les llama los dos olivos (Apocalipsis 11:4).

Volviendo a nuestra parábola, los árboles convocan una asamblea para realizar la elección de un rey sobre todos los árboles.

El primer candidato nominado fue el árbol del olivo. Ser rey de los árboles era un gran privilegio. Pero el olivo, utiliza su privilegio parlamentario para declinar. Estas son sus palabras: ««¿He de dejar mi aceite, con el cual se honra a Dios y a los hombres. para ir a ser grande sobre los árboles?» (9:9).

El fruto del olivo son las aceitunas. Y de las aceitunas se extrae aceite. El aceite es alimenticio y medicinal. Su producto se utilizaba en el templo de Dios. Con el aceite se alumbraban las personas.

El aceite es símbolo del Espíritu Santo. Si algo le interesaba al hermano olivo, era no dejar su aceite. El no quería cambiar el poder del Espíritu Santo, ni por el prestigio, ni por la fama y menos aun por una autoridad conforme al mundo y no conforme a Dios.

El hermano olivo quería honrar a Dios con su aceite, y ser de bendición a los hombres. Honrar a Dios es la más digna de todas las acciones humanas. Honrar con el servicio a aquellos que son imagen de Dios, debe ser la agenda prioritaria de todo creyente y de todo líder.

El olivo no está interesado en ser grande sobre los árboles; sino en servirle a un Dios grande. Los líderes del reino de Dios, no se miden por la grandeza de su posición, sino por la grandeza de su servicio a Dios y a sus semejantes (Mateo 20:20–28).

II. La higuera fue invitada a ser rey de los árboles

«Y dijeron los árboles a la higuera: Anda tú, reina sobre nosotros» (9:10).

Para los israelitas la higuera era y es un árbol muy estimado. En el NT es figura de la restauración de Israel como nación (Mateo 24:32–35) y de la fructificación de la Iglesia (Mateo 21:18–22).

La higuera puede medir hasta once metros de altura. Y puede crecer en terrenos difíciles. Crecen en las rocas, lo mismo a una altura baja como alta. Muchas veces se planta junto a la vid.

Al principio de la historia de la humanidad, su uso da testimonio de su importancia en la flora. En Génesis 3:7 leemos: «Entonces fueron abiertos los ojos de ambos, y conocieron que estaban desnudos; entonces cosieron hojas de higuera, y se hicieron delantales».

Jesús le declaró a Natanael: «Antes que Felipe te llamara. cuando estabas debajo de la higuera te vi» (Juan 1:48). La higuera en este pasaje habla del lugar donde el Señor Jesucristo comienza a tratar con algunos que llegaron a ser sus creyentes.

La higuera primitiva necesita ser fecundada por una avispa; pero su fruto no es comestible; recibe el nombre de higo chumbo.

La invitación a la higuera para ser rey de los árboles fue halagadora, pero no le interesó. Su motivación era pura, no le interesaba el poder colectivo, ni el poder de convocatoria, sino la calidad de un carácter genuino y transparente.

La higuera declinó con estas palabras: «¿He de dejar mi dulzura y mi buen fruto, para ir a ser grande sobre los árboles?» (9:11).

El fruto de la higuera son los higos. Y los higos son dulces y muy buenos.

Producir un fruto bueno y dulce era la verdadera motivación de la higuera. El poder y la posición no le interesaban.

La bondad y la dulzura deben ser las cualidades que los líderes de Dios deben siempre tratar de manifestar. El fruto del Espíritu en la vida del creyente, con su múltiples variedades, tiene que ser dulce y bueno (Gálatas 5:22–23).

III. La vid fue invitada a ser rey de los árboles

«Dijeron luego los árboles a la vid: Pues ven tú, reina sobre nosotros» (9:12).

La vid es otro árbol que fue y es importante en la flora palestina. El fruto de la vid son las uvas. Las uvas secas son las pasas. La vid se arrastra por el suelo o trepa por otros árboles o zarcillos. Tan pronto Noé salió del arca en Ararat, plantó una viña. Leemos en Génesis 9:20 así: "Después comenzó Noé a labrar la tierra, y plantó una viña".

Jesús mismo se vio como la vid y a los creyentes con su testimonio como los pámpanos llenos de uvas. En Juan 15:5 leemos: «Yo soy la vid, vosotros los pámpanos; el que permanece en mí, y yo en él, éste lleva mucho fruto; porque separados de mí nada podéis hacer».

Así como del olivo se obtiene las aceitunas. y de éstas el aceite, de la vid se obtienen las uvas, y de éstas el vino. El fruto exprimido debe producir algo.

La vid declina el honor de ser rey. Para la vid eso de ser rey y de estar por encima de los demás no era lo mas importante. Su respuesta es: «¿He de dejar mi mosto, que alegra a Dios y los hombres, para ir a ser grande sobre los árboles?» (9:13).

La vid quería alegrar a Dios y a los que Él había creado. El siervo-líder se goza en alegrar a los demás. Su meta mayor es alegrar a Dios como adorador (Juan 4:24); y hace a los demás sentirse bien delante de su presencia.

La alegría es algo que caracteriza al creyente lleno del Espíritu Santo. En Hebreos 1:9 dice la Sagrada Escritura: «Por lo cual te ungió Dios, el Dios tuyo, con óleo de alegría más que a tus compañeros». Aunque este pasaje se refiere a nuestro Señor Jesucristo, también se aplica a los creyentes que han sido ungidos con el Espíritu Santo.

IV. La zarza fue invitada a ser rey de los árboles

«Dijeron entonces todos los árboles a la zarza: Anda tú, reina sobre nosotros» (9:14).

La zarza es un arbusto con muchas espinas. Crece sobre todo en el desierto. No da ningún fruto. No es servicial. No alegra a nadie. No honra a Dios. No hace bien a nadie.

La zarza aceptó la invitación a reinar sobre los árboles, declarando: «Si en verdad me elegís por rey sobre vosotros, venid, abrigaos bajo mí sombra; y si no, salga fuego de la zarza y devore a los cedros del Líbano (9:15).

La zarza como no tiene qué ofrecer, miente. Ofrece sombra que no puede dar. El que nada tiene, nada puede ofrecer. El egoísmo y el orgullo le hacen pensar que es más que lo que en verdad es.

Pablo dijo: «Digo, pues, por la gracia que me es dada, a cada cual que está entre vosotros, que no tenga más alto concepto de sí que el que debe tener, sino que piense de sí con cordura, conforme a la medida de fe que Dios repartió a cada uno» (Romanos 12:3).

La zarza es peligrosa. Es un arbusto que cuando se seca, los rayos solares la hacen arder. Encendida en fuego es de mucho peligro para los demás árboles del campo.

Las zarzas que quieren ser líderes sobre otros, cuando se secan y se ven arrastradas por el viento en el desierto, se queman fácilmente y no sólo sufren daño ellas sino que producen daño a lo que tienen alrededor.

Conclusión

Verdades para recordar de esta parábola de los árboles: (1) Como el olivo, con el aceite del Espíritu Santo debemos honrar a Dios y honrar a los demás. (2) Como la híguera debemos ofrecer siempre un fruto bueno y dulce con nuestra conducta y testimonio. (3) Como la vid debemos alegrar a Dios y a los demás con el vino del Espíritu Santo. (4) Como la zarza, debemos recordar que ésta no da fruto, es estéril, con sus espinas hace daño, es mentirosa y se quema con facilidad.

EDITORIAL PORTAVOZ

NUESTRA VISIÓN

Maximizar el efecto de recursos cristianos de calidad que transforman vidas.

NUESTRA MISIÓN

Desarrollar y distribuir productos de calidad —con integridad y excelencia—, desde una perspectiva bíblica y confiable, que animen a las personas a conocer y servir a Jesucristo.

NUESTROS VALORES

Nuestros valores se encuentran fundamentados en la Biblia, fuente de toda verdad para hoy y para siempre. Nosotros ponemos en práctica estas verdades bíblicas como fundamento para las decisiones, normas y productos de nuestra compañía.

Valoramos la excelencia y la calidad
Valoramos la integridad y la confianza
Valoramos el mérito y la dignidad de los individuos y las relaciones
Valoramos el servicio
Valoramos la administración de los recursos

Para más información acerca de nuestra editorial y los productos que publicamos visite nuestra página en la red: www.portavoz.com